Sagesses du bouddhisme

Les plus belles paroles du Bouddha et des grands maîtres de cette tradition

Fabrice Midal

FIRST Editions

ISBN : 978-2-7540-3817-1
Dépôt légal : avril 2012

Directrice éditoriale : Marie-Anne Jost-Kotik
Éditrice junior : Charlène Guinoiseau
Correctrice : Muriel Mekies
Mise en page : Sophie Boscardin
Couverture : Olivier Frenot

Imprimé en Italie

Éditions First-Gründ
60, rue Mazarine
75006 Paris – France
Tél. : 01 45 49 60 00
Fax : 01 45 49 60 01
E-mail : firstinfo@efirst.com
Internet : www.editionsfirst.fr

Introduction

LE BOUDDHISME offre une sagesse d'une rare pertinence pour notre temps. Car avant d'affirmer une quelconque croyance, des dogmes, des vérités qui auraient été révélées par un Dieu particulier, elle nous invite à nous tourner vers l'espace intérieur. *Ici et maintenant.*

Cette expression d'espace intérieur *est limpide pour autant que l'on réussisse à entendre qu'il n'est pas notre moi-moi-même et encore moi mais cette dimension de présence ouverte que chacun peut éprouver. Lui donner droit ce n'est pas une façon de se regarder le nombril, mais une manière de s'ouvrir à l'inconnu. D'être pleinement présent. Telle est précisément la sagesse : sortir de soi-même pour être en un rapport apaisé avec la réalité. Nous ne sommes pas, en effet, limités à notre identité. Je peux être un homme ou une femme, avoir tel trait de caractère ou tel autre, telle profession et tels engagements. Ces déterminations ne disent pas la vérité entière de mon être. La tradition bouddhique nous invite précisément à découvrir cet être que nous sommes et qu'aucune caractéristique ne peut saisir.*

Or, plus que jamais, cette dimension de notre être est partout oubliée. Nous sommes appelés à être plus efficace, à faire toujours plus d'effort, à ne pas nous écouter. On nous considère le plus souvent par rapport à nos fonctions. Et nous n'en pouvons plus. La souffrance des Occidentaux qui pourtant ont une richesse matérielle importante, inégalée dans l'histoire de l'humanité, en témoigne. L'angoisse, la solitude et l'isolement, la détresse touchent des millions de gens parce que chacun est privé de l'écoute de son être. Comment vivre dans un monde auquel on aurait retiré une dimension ? Or sans la dimension intérieure qui permet de s'ouvrir aux autres et au monde, nous vivons un peu comme dans un monde à deux dimensions – plat, écrasé et sans vie.

Ceci pris en compte, il est aisé de répondre à la question habituelle : le bouddhisme est-il une religion ou une philosophie ?

– Il n'est pas tout à fait comme nos religions, car il ne repose pas au premier chef sur la croyance en un Dieu. Il ne demande aucun acte de foi dans un Dieu créateur. Aucune croyance. Il demande d'apprendre à être un être humain. À être plus amplement humain. Tout simplement.

– Il n'est pas tout à fait une philosophie, car bien plus qu'à penser il nous demande d'être. Et c'est pour cette raison que le cœur de la voie du Bouddha est la pratique de la méditation.

Mon engagement principal est d'enseigner la pratique de la méditation. J'ai fondé pour ce faire l'École Occidentale de Méditation ouverte à tous, quels que soient leur religion ou leur état d'esprit. Car en réalité, peu importe ce à quoi vous croyez, peu importent vos difficultés. La méditation s'adresse à tous. Elle demande de découvrir comment nous regardons les choses et les êtres. Ne plus seulement considérer que si je suis triste ou en colère, c'est la faute des autres ou des circonstances. Mais découvrir comment notre propre esprit colore le monde. La méditation nous apprend ainsi à ne plus être prisonnier de nos pensées, de nos émotions, de notre histoire. À découvrir la liberté. À devenir plus adulte.

Il existe cependant un contresens important : la méditation n'est pas une forme de relaxation, une façon de chercher à faire le vide dans la tête et d'atteindre le calme. Non. Elle est inséparable d'une certaine entente de la manière de vivre et d'aimer. Elle est ancrée dans la voie bouddhique. Le bouddhisme en ce sens n'est pas une doctrine parmi d'autres, mais une façon de décrire ce qui se montre quand l'on pratique la méditation.

Dans ce petit livre, j'ai rassemblé des citations présentant les grandes notions de la voie du Bouddha qui nous enseigne que la méditation ne consiste pas seulement à entrer dans le moment présent, mais aussi à voir la réalité en face, avec courage. Qu'elle nous apprend à dépasser la peur. Et que cette attitude s'incarne dans une manière d'être et d'agir qui constitue l'éthique bouddhique faite de douceur et de bienveillance.

Enfin, cet engagement à donner droit à la dimension intérieure et à un sens de présence nue ouvre pleinement le cœur. L'action du

Bouddha est tout entière l'amour, le souci des autres, la bienveillance la plus parfaite.

La voie bouddhiste est ainsi ultimement la voie de la grande compassion, c'est-à-dire de l'amour sans limite, qui sait donner et se donner pour que le monde soit plus habitable.

Entrer dans l'ici et maintenant

La pratique de la méditation

La voie du Bouddha est d'abord une entrée dans le moment présent. Une façon d'apprendre à abandonner les jeux de l'espoir et la peur envers un hypothétique futur pour mieux s'ouvrir à la réalité telle qu'elle est. Comme le peintre ou le poète, il nous faut apprendre à regarder ce qui est et apprendre à l'apprécier.

La pratique de la méditation ne consiste donc pas d'abord à être en paix, mais plus fondamentalement à donner naissance à un esprit lucide et clair, à voir la réalité.

Le maintenant

Si tu ne trouves pas la vérité à l'endroit où tu es, où espères-tu la trouver ?

(Dôgen)

Il n'y a qu'un seul moment du temps
Où il est essentiel d'être en éveil.
Ce moment c'est maintenant.

(Le Bouddha)

Voir comment nous fuyons continuellement le moment présent, comment nous évitons d'être simplement tel que nous sommes est l'une des principales découvertes que permet la méditation.

(Pema Chödrön)

Ne cherchez pas le passé, ne cherchez pas le futur ; le passé est évanoui, le futur n'est pas encore advenu. Mais observez ici cet objet qui est maintenant.

(Le Bouddha)

L'essence de la réalisation, c'est l'instant présent
Qui survient tout à coup, sans que rien n'ait besoin d'y être ou d'en être soustrait.
Libération, profonde félicité innée,
Libre de l'espoir ou de la peur est le fruit.

(Marpa)

La magie de l'instant présent

Quand tu marches, marche.
Assis, sois assis.
Surtout n'hésite pas.

(Yun-Men)

Dans l'eau du vieil étang
Le bruit
Du saut de la grenouille

(Bashô)

Dans la vieille mare
A coulé une sandale de paille
Tombe la neige fondue

(Buson)

Il faut pratiquer de telle sorte que les choses viennent résider dans l'esprit ; puis l'esprit retourne résider dans les choses, tout au long de la journée et de la nuit...

(Dôgen)

Montrant l'endroit, montrant l'envers
Tombent les feuilles d'érable en automne
En s'éparpillant

(Ryokan)

Garder l'esprit clair

De même que, dans une maison dont la couverture est mauvaise, pénètre la pluie, de même dans un esprit où la méditation n'habite point, pénètre la confusion, sous la forme de l'attachement, de la violence et de l'ignorance.

(Le Bouddha)

Vigilant au milieu des négligents, éveillé au milieu des endormis, l'homme intelligent marche, laissant les autres aussi loin derrière lui qu'un rapide coursier laisse un cheval débile.

(Le Bouddha)

Observez minutieusement la nature de votre esprit en état de quiétude mentale pleine et parfaite. Par nature, a-t-il une couleur, une forme, une configuration, a-t-il un commencement, une fin, une durée, ou non ?
Est-il extérieur, intérieur, ou bien encore où est-il situé ?
En dehors de cet état pacifié, existe-t-il une autre conscience séparée ?

(IXe Karmapa Wangchouk Dorjé)

Lorsque les arbres développent feuilles et branches,
Il suffit de couper les racines pour abattre l'ensemble.
De même, si tu coupes la racine de l'esprit,
Les diverses activités mentales s'évanouiront.

(Tilopa)

Dans l'action, contente-toi d'agir.
En pensant, contente-toi de penser,
mais avant tout, cesse
l'agitation de ton mental

(Yun-Men)

Même ceux qui n'ont pas de cœur
goûteront cet instant
une bécasse s'est envolée
de l'étang
au crépuscule de l'automne

(Saigyô)

Le pouvoir de l'attention

Au moyen du zèle, de la vigilance, de la paix de l'âme et de l'empire sur soi-même, le sage peut se faire une île que les flots n'inondent pas.

(Bouddha, Dhammapada*)*

Le Puissant proclama l'attention comme la source de l'immortalité
Et l'inattention comme celle de la mort.
C'est pourquoi afin d'accroître les facteurs positifs
Cultive sans relâche l'attention avec respect.

(Nâgârjuna)

Dans ce monde, les éléphants sauvages et rendus fous
Ne causent pas autant de mal
Que n'en cause dans l'enfer intolérable
Cet éléphant : l'esprit débridé.
Mais si l'éléphant esprit est solidement lié
Par la corde de l'attention,
Toutes les peurs disparaissent
Et toutes les vertus viennent dans la main.

(Shantidéva)

La vigilance est le chemin qui mène à l'affranchissement de la mort, la négligence celui qui mène à la mort. Les hommes vigilants ne meurent pas, les négligents sont déjà comme des morts.

(Le Bouddha)

Dompter l'esprit

À sa pensée vacillante, mobile, difficile à contenir, difficile à maîtriser, l'homme intelligent impose la même rectitude qu'un faiseur de flèches à une flèche.

(Bouddha, Dhammapada)

« De votre point de vue, j'ai tout d'un paresseux,
Mais de mon point de vue, je suis très occupé.
Dans l'étendue sans limite de l'incréé,
J'ai bâti la forteresse de la profonde concentration.
Je n'ai pas loisir d'élever d'autres châteaux de terre. »

(Milarépa)

Ouvrir l'esprit

Telle l'abeille, respectant les couleurs et le parfum des fleurs, emporte seulement leur suc. Tel doit être le méditant au milieu du village.

(Bouddha, Dhammapada)

Les hommes instruits se plongent dans la méditation, et ne se plaisent point dans une maison. Semblables à l'oie quittant son marais, ils quittent leur propre demeure.

(Bouddha, Dhammapada)

Quand votre esprit est étroit, les petites choses vous agitent facilement. Faites de votre esprit un océan, rien ne l'agitera plus.

(Lama Thubten Yeshe)

Quand on retourne à la racine, on trouve le sens
Quand on s'égare dans les branches, on perd le goût véritable.

(Sosan Ganchi Zenji)

La méditation bouddhique ne ressemble pas à la gymnastique mentale nécessaire pour vous mettre dans un état de relaxation. C'est une attitude assez différente car elle est sans but ou objet particulier, sans exigence immédiate de quelque réussite. Il s'agit davantage d'être ouvert.

(Chögyam Trungpa)

Parfois, analyse ton esprit ;
Assure-toi qu'il n'est pas une chose tangible,
Qu'il est dépourvu de centre et de périphérie.
Laisse ensuite cette découverte
Prendre toute son ampleur.

Parfois, mêle ton esprit au ciel immaculé ;
Élève-le, étends-le,
Et laisse-le grand ouvert,
Tel un espace à la fois immense et omniprésent.

(Shrî Simha)

Ne pas être prisonniers des jugements et des concepts

Le Zen, c'est garder l'esprit dans l'état antérieur à la pensée.

(Seung Sahn)

Vous devez cesser la pratique qui s'appuie sur la compréhension intellectuelle, cesser de poursuivre les mots et de commenter les paroles et vous devez apprendre le retour en arrière qui retourne votre lumière à l'intérieur de vous-même pour vous illuminer.

(Dôgen)

Ne haïssez pas les pensées qui surgiraient, ne les aimez pas non plus et surtout ne les entretenez pas.
De toute façon, vous devez pratiquer la grande assise, ici et maintenant.
Si vous n'entretenez pas une pensée, celle-ci ne reviendra pas d'elle-même.

(Koun Ejô)

Vous devez abandonner une pratique fondée sur la compréhension intellectuelle, courant après les mots et vous en tenant à la lettre. Vous devez apprendre le demi-tour qui dirige votre lumière vers l'intérieur pour illuminer votre vraie nature. Le corps et l'âme d'eux-mêmes s'effaceront et votre visage originel apparaîtra.

(Ryokaï)

Rien à faire

La pratique qui est absence de pratique, c'est le passage sur l'autre rive.

(Chen-Houei)

Ne vous dispersez pas pour un instant. Soyez aussi attentif que lorsque vous enfilez une aiguille. Ne laissez pas votre esprit être turbulent, qu'il soit plutôt comme un océan sans vagues. N'essayez pas d'accomplir quoi que ce soit d'une manière consciente, de vous-même ; observez plutôt votre esprit comme observe l'aigle qui plane.

(IXe Karmapa Wangchouk Dorjé)

Lorsque j'enseigne la méditation, je commence souvent par dire : « Ramenez votre esprit en lui-même... relâchez... et détendez-vous. »
Toute la pratique de la méditation peut se résumer à ces trois points essentiels : ramener l'esprit en lui-même, le relâcher et se détendre.

(Sogyal Rinpoché)

Essayez de voir notre propre face : vos yeux en sont extrêmement proches, mais ils ne peuvent pas plus la voir qu'ils ne peuvent se voir eux-mêmes. Nous n'arrivons pas à connaître notre propre esprit, tout simplement parce qu'il est trop près !

(Kalou Rinpoché)

Ne te concentre pas sur toi-même sans respirer, ô yogin planté là comme un pieu ! Ne fixe pas le bout de ton nez. Insensé, jouis du Spontané et abandonne ces liens qui ont relent de devenir !

(Saraha)

Si tu peux pratiquer même distrait, tu es bien entraîné.

(Chekawa Yeshé Dorjé)

Les trois signes de la méditation – clarté, joie et absence de pensées – peuvent apparaître naturellement pendant qu'une personne médite. Mais s'il fait un effort pour les créer, le méditant demeure dans le cycle du samsara.

(Jigmé Lingpa)

L'attention et la sagesse

– Quelle est la caractéristique de l'attention concentrée et celle de la sagesse ?

– L'une se définit par la compréhension, l'autre en tranchant ce qui doit l'être.

– Comment cela ? Donne-moi une comparaison.

– Tu connais les moissonneurs, mahârâja ?

– Je les connais.

– Comment moissonnent-ils l'orge ?

– De la main gauche ils saisissent un faisceau d'orge, de la main droite, armés d'une faucille, ils le coupent.

– De même, mahârâja, l'ascète par l'attention concentrée rassemble son esprit, et par la sagesse tranche les passions. C'est pourquoi l'une est caractérisée par la compréhension, l'autrc par le fait de trancher ce qui doit l'être.

(Milinda)

Voir la réalité en face

Le bouddhisme insiste sur le fait que nous souffrons parce que nous fixons les phénomènes et nous nous attachons à eux. Faute d'accepter la réalité telle qu'elle est, nous sommes plongés dans de pénibles tourments. Voir la réalité en face, c'est accepter que nous ne pouvons rien saisir, que tout est fugace.

La réalité n'est pas saisissable. Elle échappe. Même notre conjoint ou notre enfant, nous devons apprendre à le redécouvrir à neuf. À l'aimer chaque jour à neuf. Ce que nous pouvons penser de lui est toujours en deçà de ce qu'il est. Rien n'est jamais figé pour toujours.

Si nous l'acceptons, alors nous pouvons découvrir un sens de la beauté à même d'apaiser le cœur humain.

Évanescence (Impermanence)

Dès qu'ils sont nés, les mortels sont toujours en danger de périr, comme des fruits mûrs prêts à tomber. Sans but et inconnue est la vie des mortels ici-bas, brève, tourmentée, associée à la douleur !

(Le Bouddha)

Tous, sages ou fous, tombent sous le pouvoir de la mort. De nulle manière les êtres soumis à la naissance ne peuvent éviter la mort. Après la vieillesse vient la mort : telle est la loi des vivants.

(Le Bouddha)

Aujourd'hui tu es jeune et intelligent.
C'est le moment d'étudier et de pratiquer avec zèle et sans chercher d'excuses.
Le temps qui passe, ne serait-ce qu'un seul jour, apporte la vieillesse, la fin de la vie.
Il est triste de perdre des mois et des années à vagabonder.

(Lauthang Tulku)

Regarde la nature du monde,
Impermanent comme un mirage ou un rêve ;
Même le mirage ou le rêve n'existent pas.
Aussi, développe la renonciation et abandonne les activités mondaines.

(Tilopa)

Quand on regarde le ciel et la terre, il faut se dire : « Ils ne sont pas permanents. » Quand on regarde les montagnes et les rivières, il faut se dire : « Elles ne sont pas permanentes. » – Quand on regarde la forme et la figure des êtres extérieurs, leur accroissement et leur développement, il faut se dire : « Rien (de cela) n'est permanent. » Par ces réflexions, on sera amené à obtenir les *voies* sans retard.

(Le Bouddha)

Celui qui ne sait méditer
Sur l'impermanence et la mort
Fût-il le plus savant des hommes,
Celui-là est pareil à un fou.

(VIe Dalaï-Lama)

Le printemps s'en va, cent fleurs se fanent.
Le printemps revient, cent fleurs s'épanouissent.
Devant nos yeux, la roue du temps tourne sans cesse,
Et déjà les cheveux sur nos tempes blanchissent.
Mais ne croyez pas qu'avec le départ du printemps,
Toutes les fleurs sont tombées.
Hier soir encore, devant mon jardin,
J'ai trouvé une branche de pêcher en fleurs.

(Man Giac)

La réalité

Si je dis qu'il y a un Soi, on l'imaginera comme éternel ; et si je dis qu'il n'y a pas de Soi, on s'imaginera qu'à la mort on périt complètement.

(Le Bouddha)

Quelle merveille que d'inspirer après avoir expiré,
Quelle merveille de se réveiller du sommeil !
L'existence est plus éphémère qu'une bulle ballottée par le vent. Tout est impermanent et dépourvu d'existence en soi.

(Nâgârjuna)

Ne rien pouvoir saisir

Si présent et futur dépendaient du passé,
Présent et futur existeraient dans le passé.
Si présent et futur existaient dans le passé,
Comment dépendraient-ils du passé ?
Si le temps dépend des choses,
Comment existe-t-il en leur absence ?
Si rien n'existe,
Comment le temps peut-il exister ?

(Nâgârjuna)

Vie intérieure

Tout ce que vous rencontrez, au-dehors et même au-dedans de vous-même, tuez-le. Si vous rencontrez un Bouddha, tuez le Bouddha ! Si vous rencontrez un patriarche, tuez le patriarche ! Si vous rencontrez un arhat, tuez l'arhat ! Si vous rencontrez vos père et mère, tuez vos père et mère ! Si vous rencontrez vos proches, tuez vos proches ! C'est là le moyen de vous délivrer, et d'échapper à l'esclavage des choses ; c'est là l'évasion, c'est là l'indépendance !

(Lin Tsi)

« L'individu irrésolu qui se tourne le dos
Et court après les chimères des autres
Est comme un enfant insouciant
Poursuivant un papillon qui volette
Au bord d'un profond précipice.
Il y gagne, non pas des flots de bonheur,
Mais seulement la perte de sa vie. »

(Mikyö Dordjé)

La doctrine du Bouddha ne traite pas du développement extérieur de l'être mais de son épanouissement intérieur.

(Geshé Ngawang Khyenrab)

L'ouverture inconditionnelle

Traditionnellement, à chaque fois que je joins les mains pour saluer le Bouddha, je chante ce court poème :
Celui qui salue et exprime son respect,
Et celui qui reçoit salut et respect,
Tous deux sont vides,
C'est pourquoi la communion est parfaite.

(Thich Nhat Hanh)

Vide ! Originellement vide !
Toujours vide ! Parfaitement vide !
Ce point crucial de la vérité absolue est un trésor
Qui illumine toutes les directions de l'espace
Du zénith aux abysses.

(Shrî Simha)

Sur la Voie, le plus important, c'est l'antidote pratique qui permet d'arracher les passions à la racine, et cet antidote n'est autre que la connaissance directe de l'insubstantialité.

(Khentchen Kunzang Palden)

Les Bouddhas parlent de la vacuité afin de détruire les vues fausses. Mais si vous vous attachez à la vacuité, les Bouddhas eux-mêmes ne peuvent plus rien pour vous.

(Bodhidharma)

Être libre

Souillé par l'attachement, l'esprit n'est pas libre.
La disparition de l'attachement entraîne la libération de l'esprit.

La sagesse, souillée par l'ignorance, ne se développe pas.
La disparition de l'ignorance entraîne la libération par la sagesse.

(Le Bouddha)

En vérité, parce que nous voulons saisir ou rejeter, nous ne sommes pas libres.
Ne courez pas après les phénomènes, ne demeurez pas dans la vacuité...
Si nous retournons à la racine originelle, nous touchons l'essence.
Si nous suivons les reflets, nous perdons l'originel...
Si nous arrêtons tout mouvement, notre esprit deviendra tranquille,
Et cette tranquillité, par la suite, provoquera encore le mouvement...

(Sosan)

La beauté nue du monde

La neige blanche
S'amoncelle sur le plateau d'argent.
La lumière de la lune enveloppe le héron blanc.
Ils sont proches,
Mais non identiques.
Ils sont mêlés intimement,
Mais chacun comprend son état.

(Tozan)

Pendant 54 ans avec des étoiles
J'ai décoré le ciel.
Maintenant, j'y gambade,
C'est bouleversant !

(Dôgen)

J'ai entendu parler de la vache sans narines,
Et soudain l'univers entier est devenu mon foyer.
Le mont Yonam s'étend à plat sous la route,
Un paysan chante la fin de son labeur.

(Kyongho)

La lune
entre mille nuées
l'avoir aperçue sans avoir
jamais su si son ombre
logeait dans la manche mouillée

(Saigyô)

Éveillé
de ce rêve
je verrai le violet des iris

(Ogawa Shûshiki)

Pourquoi le cœur reste-t-il
marqué par la teinte
des fleurs de cerisier
alors que le corps
l'a déjà maintes fois rejeté ?

(Saigyô)

Les pruniers embaument
Le soleil au détour surgit
Sentier de montagne...

(Bashô)

La beauté seule est insuffisante ; elle s'accomplit si elle est jointe au sentiment juste.
Porter le vide dans son cœur, c'est porter le Tout
Disposition calme et pure. On peut trouver la solution sans penser.

(Bokuyo Takeda)

Le silence

Les fleurs ne parlent pas
Elles fleurissent et tombent en silence
Sans jamais revenir sur leur branche
Entièrement données à leur lieu et à leur temps
Tel est le message de la fleur des champs
Telle est la vérité de la fleur des arbres
Là brille sans regret
La joie de la vie qui jamais ne se perd.

(Zenkei Shibayama)

Recevoir un invité

Fais un délicieux bol de thé.
Dispose le charbon de bois de façon à chauffer l'eau.
Arrange les fleurs comme elles sont dans les champs.
En été, évoque la fraîcheur, en hiver, la chaleur.
Devance en chaque chose le temps.
Prépare-toi à la pluie.
Aie pour tes invités tous les égards possibles.

(Rikyu)

Tout faire pour bien recevoir notre hôte, encore faut-il qu'il ne s'en aperçoive pas.

(Rikyu)

Juste écouter

Chacun est un artiste avec une branche, s'il sait l'écouter.

(Noriko Onda)

L'unité

Pour préparer un plat, il ne faut pas le considérer avec un regard ordinaire et ne pas penser avec un esprit ordinaire...
Ne pas éprouver du dédain lorsqu'on prépare un bouillon d'herbes sauvages, ne pas éprouver de la joie lorsqu'on prépare une soupe de crème.
En l'absence de discrimination comment pourrait-il y avoir dégoût ?

(Dôgen)

La vie en elle-même est une expression dans sa totalité.
La mort en elle-même est une expression dans sa totalité.
Elles sont comme l'hiver et le printemps. Vous n'appelez pas hiver, le début du printemps, ni été la fin du printemps.

(Dôgen)

Le chemin éthique de la conduite juste

La voie du Bouddha est aussi un chemin pour apprendre à agir en prenant soin des autres et en refusant la violence. Pourquoi accepter de meurtrir un être ? De faire souffrir ?

S'engager dans la pratique de la méditation doit nous permettre de vivre de façon plus juste.

L’exigence éthique

De même que toutes les espèces de plantes croissent, poussent et se développent en s’appuyant sur la terre, en se basant sur la terre, de même, c’est en s’appuyant sur la vertu, en se basant sur la vertu que l’ascète développe en lui-même les cinq facultés : foi, énergie, réflexion, recueillement, sagesse.

(Le Bouddha)

Ne pas faire de mal

On ne peut détruire la vie. On ne peut absolument pas, par aucun moyen, pour aucune raison religieuse, spirituelle ou métaphysique, marcher sur une sauterelle ni tuer un maringouin. C'est ça le bouddhisme.

(Chögyam Trungpa)

La rapacité et la haine sont pires que des pillards – opposez-leur la sagesse. La sagesse est comme l'eau – lorsqu'on ne s'en sert pas, elle stagne, lorsqu'elle stagne, elle ne circule pas, et lorsqu'elle ne circule pas, la sagesse n'agit pas. Que peut alors faire la sagesse de la rapacité et de la haine ?

(Foyan)

Conscient de la souffrance provoquée par la destruction de la vie, je suis déterminé(é) à développer ma compassion et à apprendre les moyens de protéger les vies des personnes, des animaux et des plantes. Je m'engage à ne pas tuer, à ne pas laisser tuer, à ne tolérer aucun acte meurtrier dans le monde, dans mes pensées ou dans ma façon de vivre.

(Thich Nhat Hanh)

Tout le monde tremble devant la violence, à tout le monde la vie est chère. Qu'on fasse ce qu'on voudrait que fît autrui ; qu'on ne tue point, qu'on ne fasse point tuer.

(Le Bouddha)

Si vous faites l'expérience de transformer les mauvaises herbes de votre mental en engrais pour votre esprit, votre pratique fera de remarquables progrès. Vous sentirez vous-même le progrès. Vous sentirez comment se fait votre propre engrais.

(Shunryu Suzuki)

Ne pas céder à la séduction de la confusion

Bien que mes ennemis, la haine, l'attachement et ainsi de suite n'aient ni armes ni bras ni jambes, ils me font quand même du mal, me torturent et me traitent comme un esclave.

(Shantidéva)

N'essaie pas d'arriver le premier.

(Chekawa Yeshé Dorjé)

Le manque de présence d'esprit est la racine des actions négatives et la cause de l'engendrement incessant des existences douloureuses. La première chose à faire est donc de reconnaître ses fautes et de s'engager à n'en plus commettre davantage.

(Le Bouddha)

La confusion est comme si une chaudière étant placée sur un feu qui l'enveloppe bien, l'eau qui est dedans bout et se couvre d'écume. Les hommes qui s'approchent de la chaudière ont beau s'y mirer, ils n'aperçoivent pas leur image. Ainsi, quand on est troublé par l'avidité et la colère, on ne peut pas apercevoir la *voie*.

(Le Bouddha)

Ne porte pas les choses à un point douloureux.

(Chekawa Yeshé Dorjé)

Ceux qui enseignent la morale sont comme un homme qui, tenant une lampe allumée, entrerait dans une maison obscure ; les ténèbres disparaissent et la clarté se fait. Ainsi, quand on enseigne la *voie*, au moment où la vérité est aperçue, l'obscurité de l'ignorant égaré par l'erreur se dissipe, et il n'est personne qui ne soit éclairé.

(Le Bouddha)

Ne passe pas le fardeau du bœuf à la vache.

(Chekawa Yeshé Dorjé)

Être vertueux

Le plus délicieux parfum est celui qu'exhalent les hommes de bien. Il embaume jusqu'aux dieux.

(Le Bouddha)

Ne pas faire le moindre mal, cultiver le bien, Purifier son esprit : tel est l'enseignement des bouddhas.

(Le Bouddha)

Cent années d'une vie passée dans l'inconduite et la dissipation ne valent pas un seul jour d'une vie consacrée à la méditation et à la pratique du bien.

(Le Bouddha)

Comme la terre, base de toute chose, est animée et inanimée,
Il est dit que l'éthique est la fondation de toutes les qualités.
Applique-toi à une morale sans tache.
Irréprochable, non mêlée et pure.

(Nâgârjuna)

La discipline

Les sentiments humains sont comme l'eau, les règles de comportement sont comme un barrage. Si le barrage n'est pas fort, l'eau va déborder.

(Foyan)

Les amis longtemps réunis, un jour se séparent ;
Les biens acquis avec peine doivent être abandonnés ;
Même la conscience, cette voyageuse, quitte l'hôtel du corps.
Chasser de son esprit les préoccupations
de cette vie, c'est agir en bodhisattva.

(Gyelsé Thogmé)

Se connaître

Le sot qui sait qu'il est un sot, en cela du moins est un savant. Mais le sot qui se croit un savant, – de celui-là on dit : « c'est un sot ».

(Le Bouddha)

Pour amis, ne prenez point des méchants, ne prenez point les derniers des hommes. Pour amis, prenez des hommes de bien, prenez les plus éminents des hommes.

(Le Bouddha)

Être dans la non-saisie

Ne crois pas à la réalité des expériences bonnes ou mauvaises, elles sont comme de l'arc-en-ciel.
À vouloir l'insaisissable, on s'épuise en vain.

(Guendune Rinpoche)

La grandeur d'esprit, c'est grand comme une montagne, vaste comme l'océan. C'est un esprit sans idées reçues ou partisanes.

(Dôgen)

Se réjouir

Sois toujours satisfait car celui qui connaît la satisfaction, même s'il ne possède rien, est véritablement riche.

(Nâgârjuna)

Entrer dans la voie du milieu

Celui qui a renoncé à la vie du monde ne doit pas s'abandonner aux deux extrêmes. Quels sont ces deux extrêmes ? C'est se complaire dans les objets désirables pour les sens, ce qui est bas, vulgaire, terrestre, vil, indigne et sans profit et c'est se vouer aux mortifications, ce qui est douloureux, indigne et sans profit.

(Le Bouddha)

La sagesse

– Nâgasena, quelles sont les caractéristiques de la sagesse ?

– Le fait de trancher ce qui doit l'être et d'être le plein Éveil.

– Comment a-t-elle pour caractéristique l'Éveil ?

– La sagesse dissipe les ténèbres de l'ignorance, produit la clarté, fait briller la lumière de la connaissance, révèle les vérités justes ; par elle l'ascète acquiert une intelligence parfaite de l'impermanence, de la douleur, de l'impersonnalité.

– Donne-moi une comparaison.

Si on porte un flambeau dans une maison obscure, il dissipe les ténèbres, produit la clarté, fait briller la lumière, révèle les formes : il en est de même de la sagesse.

(Milinda)

La confiance

L'un des points clefs de l'enseignement du Bouddha est la confiance. Cessons de nous sentir coupable. De nous en vouloir.

Ayons confiance ! Non pas confiance dans des circonstances fluctuantes et conditionnées mais dans la vie même. La pratique de la méditation nous l'apprend. Nous pouvons cesser d'avoir peur de nous.

Faire confiance en ses propres ressources

Lorsque vous doutez de vous, que vous n'avez pas confiance en vous, songez au fantastique potentiel d'être humain qui est le vôtre et qui ne demande qu'à croître. Alors vous serez heureux de découvrir ce trésor qui réside en vous.

(Le Dalaï-Lama)

Chacun est son propre refuge, quel autre refuge pourrait-il exister ?
La pureté et l'impureté dépendent de soi-même.
Nul ne peut purifier autrui.

(Bouddha, Dhammapada*)*

Il ne s'agit pas de se regarder agir, mais bien de se montrer fier de son être en action. Vous n'avez pas d'attitude préfabriquée ; votre action est spontanée.

(Chögyam Trungpa)

La parabole du mendiant

Ainsi parti, le pauvre ami continue sa vie misérable. Il lui arrive encore de nombreux malheurs ; il peine à trouver de quoi manger, de quoi se vêtir, où dormir… Et lorsqu'il trouve enfin sa maigre pitance, elle le laisse toujours insatisfait. Le temps passe et un jour, il rencontre par hasard son ami riche. Ce dernier est surpris de le voir toujours aussi misérable que lorsqu'il l'avait laissé partir de chez lui, et lui demande : « Pourquoi, mon ami, éprouves-tu encore tant de difficultés ? J'ai pourtant fait tout ce qu'il fallait pour que tu n'aies plus à vivre aussi pauvrement ! »

L'ami pauvre ne comprend pas et l'ami riche saisit alors qu'il n'a pas trouvé le diamant qu'il fait coudre dans sa robe. Il tend alors sa main vers le manteau de son ami et tape sur la poche contenant le joyau. Il dit : « J'ai attaché et placé à l'extrémité de ton vêtement un diamant inestimable. Tu es riche depuis longtemps et ne le sachant pas, tu restes misérable. Va en ville dès aujourd'hui et vends la pierre. Ainsi tu vivras décemment et rien, plus jamais, ne te manquera. »

(Le Sûtra du lotus)

Vision intérieure

Vous vous plaignez qu'il soit difficile de trouver le Bouddha,
Retournez votre esprit vers le dedans. Il est là !
N'allez surtout pas le chercher au-dehors.

(Han-Shan)

Là, maintenant, regarde ! Regarde à l'intérieur.
Regarde dans ton propre esprit.
Si tu regardes dans ton esprit, tu ne le verras point,
car ce n'est pas une chose.

(Karma Chagmé)

Découvrir un état de confiance inconditionnel

Avoir confiance ne signifie pas avoir confiance en quelque chose, mais se maintenir dans un état de confiance, libre de tout esprit de concurrence, de tout besoin de vouloir l'emporter sur l'autre. C'est un état inconditionnel dans lequel on possède simplement un esprit inébranlable, un esprit qui se passe de tout point de repère.

(Chögyam Trungpa)

Le sens véritable du bonheur

Pour le bouddhisme, la seule manière de trouver le bonheur est de cesser d'être obsédé par soi-même. De s'ouvrir au monde, aux choses et aux autres êtres. Prendre soin des autres – voilà ce qui seul peut soulager et apaiser nos tourments. Car alors nous n'avons plus à nous défendre de tout. À défendre notre territoire. Nous pouvons penser de manière vaste.

En ce sens le bonheur dont parle la voie bouddhiste est à l'antipode de notre conception égocentrique et étroite.

Trouver la paix de l'esprit

Ah ! vivons heureux, sans haïr ceux qui nous haïssent !
Au milieu des hommes qui nous haïssent, habitons sans les haïr !

Il n'est pas de feu comparable à l'avidité, de désastre égal à la haine, de malheur tel que l'existence égocentrique, de bonheur supérieur à la paix de l'esprit.

(Le Bouddha)

Comme de l'eau salée de la mer
Aspirée par le nuage devient eau douce,
Ainsi la pensée ferme qui travaille pour autrui
Transforme en ambroisie le poison des objets sensoriels.

(Saraha)

Toutes vos difficultés viennent de ce que vous ne prenez guère en considération l'intérêt d'autrui. Quoi que vous fassiez, regardez constamment dans le miroir de votre esprit, et vérifiez si vous agissez pour vous-même ou pour les autres.

(Dilgo Khyentsé)

L'altruisme présente deux aspects. Aimer autrui sans oublier de s'aimer soi-même. Agir avec bonté et compassion, sans oublier de s'occuper de soi.
Seul l'être humain est capable d'altruisme. L'altruisme est associé à la bonté fondamentale qui réside en chaque être humain. Il est l'inverse de l'égoïsme qui, étriqué, cause d'infinies souffrances.

(Dalaï-Lama)

Le bonheur ne se trouve pas avec effort et volonté,
Mais réside là, tout proche,
Dans la détente et l'abandon.
Ne sois pas inquiet, il n'y a rien à faire.
Tout ce qui s'élève dans l'esprit n'a aucune importance.

(Guendune Rinpoché)

La fin de l'égocentrisme

Nous avons tous une tournure d'esprit égocentrique extrêmement forte. Nous pensons toujours que ce qui vient de moi est excellent, constitue ce qu'il y a de meilleur. Nous sommes habités par un puissant attachement à ce moi. C'est là une source infinie de souffrance.

(IIIe Jamgön Kongtrul)

Susceptibles et hargneux, nous n'avons aucun égard pour autrui.
Une infime remarque nous irrite et nous gardons des rancunes tenaces.
Danse sur la tête de cette pensée destructrice, piétine-la !
Pourfends le cœur du bourreau, notre ennemi – le moi égoïste.

(Dharmarakshita)

Donner aux autres, sans rien en attendre en retour et non de manière inconsidérée pour se faire plaisir ou aimer, est l'action qui rend le plus heureux. L'éthique repose sur le désir d'aider les autres. La seule chose qui peut rassembler les êtres sensibles est l'Amour.

(Dalaï-Lama)

Trois fois le jour, trois fois la nuit, à maintes reprises, examinez le cours de vos pensées.
Divulguez vos propres fautes, et ne recherchez pas les erreurs d'autrui.
Dissimulez vos qualités, et proclamez celles des autres.
Renoncez aux gains et aux honneurs, et abandonnez à jamais infatuation et notoriété.

(Atisha)

Être en paix

Le pratiquant pleinement entré dans le chemin atteint un détachement souverain. Il n'est plus seulement libre de l'avidité, de la crispation et de la peur... mais aussi de la *voie*. Il ne cherche plus rien parce qu'il connaît son esprit et le sens réel de l'enseignement du Bouddha.

(Le Bouddha)

Les méchants qui outragent les bons ressemblent à celui qui lancerait un crachat vers le ciel. Le ciel ne pouvant pas être sali par le crachat, c'est (l'homme) lui-même qui est sali. Ils ressemblent encore à celui qui jetterait de la poussière contre un adversaire placé du côté d'où vient le vent ; la poussière, ne pouvant pas atteindre l'adversaire, revient (sur elle-même) et contre celui (qui l'a jetée).

(Le Bouddha)

Il ne peut y avoir de désarmement extérieur sans désarmement intérieur. La violence engendre la violence. Seule la paix de l'esprit procure une vie sereine et non conflictuelle. La démilitarisation mondiale est l'un de mes rêves les plus chers. Un rêve seulement...

(Dalaï-Lama)

Le renoncement

Seul le renoncement à nos projets instaure l'état positif, certain, ultime, c'est-à-dire la prise de conscience que nous sommes déjà des êtres éveillés ici et maintenant.

(Chögyam Trungpa)

Dès qu'on a délaissé désir et confusion, on ne forge plus de plans, on ne fait plus de projets, on n'a plus de soucis, on voit la Doctrine en cette vie. C'est là chose intemporelle... que les sages réalisent dans l'intériorité.

(Le Bouddha)

Il existe un état sans points de repère, qui est aussi fondamental que l'espace cosmique total – sans étoiles ni galaxies ni planètes. Que les étoiles, les galaxies et les planètes soient présentes ou pas, il reste que l'espace sera là.

(Chögyam Trungpa)

Qu'il cherche son bonheur dans la grande solitude, désormais insensible aux jouissances, et ne possédant rien au monde !
Il mettrait ainsi sa pensée à l'abri de toute agitation.

(Le Bouddha)

Le non-attachement

« Les fruits, le miel, la récolte annuelle,
Qui de la terre même ont surgi,
Dans la terre même se dissolvent.

Bosquet, feuilles et fleurs,
Qui de la montagne même sont sortis,
Dans la montagne même se dissolvent.

Le ruisseau, la vague, l'écume,
Qui de l'océan même ont jailli,
Dans l'océan même se dissolvent.

L'attachement, le désir, l'inclination,
Qui de la conscience primordiale sont nés,
Dans la conscience primordiale se dissolvent. »

(Milarépa)

S'analyser

Si on n'analyse pas ses illusions, on peut agir à l'encontre du dharma, tout en ayant l'apparence d'un pratiquant. C'est pourquoi, observer constamment ses défauts et s'en défaire, c'est agir en un vrai pratiquant.

(Thomé Zangpo)

Si, sans comprendre les actes que nous accomplissons, nous ne nous examinons pas, en apparence nous ressemblons à un pratiquant du dharma, mais en réalité nous agissons à l'encontre de celui-ci. Ceci est vrai pour beaucoup d'entre nous. C'est pourquoi il faut s'appliquer à ne pas se tromper soi-même en s'examinant, afin d'abandonner la conduite contraire à la vérité.

(Thayé Dordjé)

L'aspiration

Comme un aveugle qui trouve une perle dans un tas d'ordures ainsi s'est levé en moi, sans savoir comment, cette aspiration à l'Éveil.
C'est un élixir né pour abolir la mort du monde,
Un trésor inépuisable pour éliminer la misère du monde.

(Shantidéva)

Caché dans la boue au fond de l'océan se trouve un joyau, et si ce joyau est retrouvé, lavé, séché puis poli, il apparaît comme la gemme exauçant les souhaits. De même, enfouie au sein des obscurcissements adventices que sont les émotions perturbatrices et les objets de connaissance, se trouve la base primordiale, la réalité de l'essence de l'Éveil.

(Chimed Rigdzin)

La vérité est toute proche, le vrai trésor se trouve tout près, il n'est ni compliqué ni éloigné... Mais nous sommes incapables de le voir.

(Le Bouddha)

Puissé-je être le protecteur des abandonnés
Le guide de ceux qui cheminent,
La barque, le navire et le pont
Pour ceux qui désirent traverser les eaux !

(Shantidéva)

J'assume le fardeau de toutes les souffrances
J'y suis résolu
Je l'endurerai
Je ne m'y déroberai pas ni ne m'enfuirai
Je ne tremble pas
Je ne frémis pas d'épouvante
Je ne crains rien
Je n'ai pas d'effroi
Je ne recule pas
Le courage ne me manque pas
Pourquoi cela ?
Parce que tel est mon vœu
Je dois porter le fardeau des êtres
Ceci n'est pas une envie du moment
J'ai pris la résolution de les sauver tous
Par moi, tous les êtres seront libérés
Par moi, le monde sera sauvé.

(Le Bouddha)

L'amour et la compassion

L'urgence de la compassion ne naît pas du seul sentiment mais aussi d'une analyse de la réalité. Nous sommes tous liés les uns aux autres. Chercher son bonheur égoïstement n'est pas seulement une faute éthique, mais c'est aussi une impasse. Enfermer dans la cage dorée de notre confort, nous étouffons. Pourquoi ne pas en sortir ?

Bienveillance

Que nul ne déçoive un autre
Ni ne méprise personne.
Que nul, par colère ou par haine
Ne souhaite de mal à un autre.

(Le Bouddha)

Jamais la haine n'éteint les haines en ce monde. Par l'amour seul les haines sont éteintes. C'est une loi éternelle.

(Le Bouddha)

Tant que durera l'espace
Tant qu'il y aura des êtres vivants
Puissé-je moi aussi demeurer
Pour dissiper les souffrances du monde.

(Le XIVe Dalaï-Lama)

La victoire engendre la haine, le vaincu vit dans la souffrance. Le paisible vit heureux, abandonnant victoire et défaite.

(Le Bouddha)

Ouvrir son cœur

Nous créons un masque pour rencontrer le masque des autres. Puis nous nous demandons pourquoi nous ne pouvons pas aimer, et pourquoi nous nous sentons si seul.

(Eshin)

L'image de la mère oiseau

On dit que l'amour incommensurable est illustré par la mère oiseau prenant soin de ses petits. Elle commence par leur préparer un nid douillet et confortable. Ensuite elle les abrite sous ses ailes pour les tenir au chaud. Toujours douce avec eux, elle les protège jusqu'à ce qu'ils sachent voler. Imitons-la. Exerçons-nous à être bienveillants en actes, en parole et en pensées à l'égard de tous les êtres qui peuplent les trois mondes.

(Patrul Rinpoché)

L'amour le plus pur

L'amour, ou bienveillance, est le désir que tous les êtres soient heureux et connaissent la cause du bonheur.

Sur le plan relatif, la cause véritable du bonheur est la bonté, tout simplement « avoir bon cœur ». Alors que les pensées négatives ou violentes produisent immanquablement de la souffrance sans engendrer un seul instant de tranquillité ou de joie, la bienveillance et l'altruisme sont toujours une source de bonheur et de paix.

Sur le plan absolu, souhaiter aux êtres de connaître la cause du bonheur implique qu'ils puissent reconnaître l'état de sagesse qui n'est ni obscurci ni altéré par les émotions perturbatrices.

(Péma Wangyal)

La plupart d'entre nous ont appris que l'amour est hors de nous, que c'est une chose qu'il faut obtenir. Aussi, quand nous le trouvons, nous le serrons fort contre nous, comme s'il n'y en avait pas assez pour le partager avec les autres. Mais, à mesure que l'amour devient un sentiment avide et égoïste, nous nous coupons de la véritable intimité.
L'amour qui vaut la peine d'être vécu, c'est l'amour que nous portons déjà en nous, au cœur même de notre être.

(Tarthang Tulku)

Comme des parents qui élèvent un enfant au mépris de son ingratitude et de leurs propres difficultés et se dépensent physiquement, verbalement et mentalement pour qu'il ne connaisse que confort, bonheur et douceur, efforçons-nous de faire le bonheur et le bien des êtres, pour cette vie et les suivantes, par toutes sortes de moyens.

(Patrul Rinpoché)

La compassion

La véritable compassion s'exprime spontanément à l'égard de tous ceux qui souffrent, humains et animaux. Elle naît du souhait de faire tout ce qui est en notre pouvoir pour les aider à se libérer de la souffrance et de ses causes et à réaliser l'Éveil.

(Dalaï-Lama)

Ainsi qu'une mère au péril de sa vie surveille et protège son unique enfant, ainsi avec un esprit sans limite doit-on chérir toute chose vivante.

(Le Bouddha)

Cette attitude altruiste et bienveillante d'amour et de compassion est souvent appelée la pierre philosophale. Tout comme celle-ci transforme en or les métaux ordinaires, l'amour transforme en pratiques vers l'Éveil toutes les activités de la vie ordinaire, quelles qu'elles soient.

(Kalou Rinpoché)

L'entraînement à la compassion a porté ses fruits lorsqu'on a tranché les amarres de l'amour de soi et qu'on éprouve le désir réel – pas seulement en paroles – que tous les êtres soient délivrés de leurs souffrances.

(Gampopa)

Après avoir d'abord développé l'amour envers tous les êtres, observez-les tous, accablés de souffrances, celles des trois états, observez-les tous, accablés de souffrances, celles des trois états infortunés, de la naissance, de la mort, et tant d'autres. Alors, poussé par le désir de libérer les êtres des souffrances manifestes, des souffrances déguisées et des souffrances virtuelles, produisez l'esprit d'Éveil en vœux engageant de manière irrévocable.

(Atisha)

Toutes les joies de ce monde
Proviennent du désir du bonheur d'autrui,
Tous les malheurs de ce monde
Proviennent du désir de son propre bonheur.

À quoi bon de longues explications !
Le puéril agit pour son seul bien,
Le Puissant pour le bien des autres ;
Voyez ce qui les distingue !

Sans le complet échange
De mon bonheur contre la souffrance des autres,
Je n'atteindrai pas le plein épanouissement,
Et, dans le cycle même, serai privé de joie.

(Shantidéva)

Pratique l'austérité de la compassion :
Vois comme des égaux ton enfant et ton ennemi,
L'or et la poussière ;
Chéris l'autre plus que toi-même.

(Yéshé Tsogyal)

La compassion est ouverte, libre et illimitée. Indescriptible et tout à fait au-delà de la compréhension intellectuelle, elle répond spontanément et sans calcul à n'importe quelle situation, et pourtant d'une façon qui illumine et transforme.

(Tarthang Tulku)

Méditez tout d'abord sur les proches et les amis, puis sur les étrangers et enfin sur les ennemis, en les considérant comme des amis. Après avoir égalisé votre pensée, étendez progressivement votre pratique à tous les êtres des dix directions.

(Tsongkhapa)

Que je sois dans le samsara, que je renaisse dans les enfers, que je sois malade, fiévreux ou que d'autres malheurs m'arrivent, qu'importe, pourvu que la souffrance des autres mûrisse en moi ! Puissent les autres posséder tout mon bonheur et le résultat de mes actes positifs !

(Patrul Rinpoché)

Développer une compassion intelligente

La compassion authentique n'est pas la compassion idiote. Elle ne craint pas de subjuguer, détruire ou, au contraire, accueillir ce qui doit être subjugué, détruit ou accueilli.

(Chögyam Trungpa)

L'histoire de Maîtri-Yogi

Il y eut un grand lama, Maîtri-Yogi, qui avait une profonde réalisation de bodhicitta. Un jour qu'il était avec ses disciples, donnant un enseignement, on entendit non loin hurler un chien, puis celui-ci se tut ; au même moment, Maîtri-Yogi poussa un cri de douleur, s'affaissant, sur le point de s'évanouir.
Tout le monde, étonné, le questionna. Il montra sur son dos une large ecchymose, puis expliqua qu'on avait lancé une pierre au chien et qu'il avait pris sur lui la souffrance pour l'en libérer. Sa réalisation de bodhicitta était telle qu'il avait la capacité de prendre concrètement sur lui les douleurs d'autrui.

(Kalou Rinpoché)

Nous sommes tous liés les uns aux autres

Le bouddhisme enseigne que tous les êtres et tous les phénomènes sont interdépendants ! Aussi, lorsque je vous dis que la compassion et l'amour concernent tous les êtres, cela signifie que vous devez vous inclure dans ce processus ! Comment pourriez-vous sinon éprouver de tels sentiments pour les autres si vous n'êtes pas capable d'amour, de tolérance, de compassion et de respect envers vous-même ?

(Dalaï-Lama)

Si vous êtes poète, vous verrez clairement un nuage flotter dans cette feuille de papier. Sans nuage, il n'y aurait pas de pluie ; sans pluie, les arbres ne pousseraient pas ; et sans arbre, nous ne pourrions pas faire de papier. Le nuage est essentiel pour que le papier soit ici devant nous. Sans le nuage, pas de feuille de papier. Ainsi, il est possible de dire que le nuage et la feuille de papier « inter-sont ». Le mot « inter-être » ne figure pas encore dans le dictionnaire, mais en combinant le préfixe « inter » et le verbe « être », nous obtenons un nouveau verbe, inter-être. Sans nuage, nous n'aurions pas de papier ; nous pouvons donc dire que le nuage et la feuille de papier inter-sont.

(Thich Nhat Hanh)

La non-dualité

« C'est moi, c'est un autre », conçoit-on. Dépouille ce lien qui rend captif, c'est ainsi qu'on se libère soi-même.

(Saraha)

Lorsque vous écoutez le son d'une cloche, demandez-vous ce qui fait le son : est-ce le corps de la cloche, ou son battant, ou la main qui agite la cloche, ou nos oreilles qui entendent ? Ce n'est évidemment ni l'un ni l'autre de ces éléments qui, à lui tout seul, produit le son. Il est le résultat de leur interaction.

(Kalou Rinpoché)

Se dédier au bonheur des autres

De même qu'un monceau de fleurs ferait de nombreuses guirlandes, de même, une fois né, un mortel doit faire beaucoup de bien.

(Le Bouddha)

Puissé-je être le protecteur des abandonnés,
le guide de ceux qui cheminent et, pour ceux qui désirent
l'autre rive, être la barque, la chaussée, le pont ;
être la lampe de ceux qui ont besoin de lampe, le lit de
ceux qui ont besoin de lit, l'esclave de ceux qui ont
besoin d'esclave ; être la Pierre de miracle, l'Urne
d'abondance, la Formule magique, la Plante qui guérit,
l'Arbre des souhaits, la Vache des désirs.

(Shantidéva)

Il faut cultiver une bonté bienveillante
à l'égard du monde entier
Vers le haut et vers le bas
Comme dans toutes les directions de l'horizon,
Être sans obstacle sans haine et sans inimitié.

(Le Bouddha)

D'ordinaire, on veut toujours préserver d'abord son propre territoire et protéger ses acquis ; les autres viennent après. L'objectif est de nous amener à changer d'attitude pour pouvoir réellement songer aux autres d'abord et à nous-même ensuite. C'est extrêmement simple et net.

(Chögyam Trungpa)

Ramène à toi tous les blâmes.

(Chekawa Yeshé Dorjé)

La Pensée au repos est pure comme le cercle du ciel, et pourtant ; miséricorde sans limite s'amoncelle en nuages.

(Droukpa Kunleg)

Sois reconnaissant envers tous.

(Chekawa Yeshé Dorjé)

Quelques petites histoires zen

De retour d'un pèlerinage où il avait rendu visite à différents maîtres, un disciple, face au maître Hui-neng, dessina un cercle, entra dans le cercle et salua.
Le maître lui demanda :
Voulez-vous oui ou non en faire un bouddha ?

– Je ne sais pas comment faire les yeux, lui répondit le moine.
– Je ne suis pas capable de faire mieux que vous, lui dit Hui-neng.

Le disciple se tint silencieux.

Un jeune novice s'agitait, s'efforçait de cueillir des pommes d'un pommier. Il sautait, retombait, s'échauffait, s'énervait, pour un résultat dérisoire.
Le vieux moine qui l'accompagnait le réprimanda :
« Voyons Fujio, ce n'est pas la meilleure façon de s'y prendre ! »
« Que dois-je faire maître ? Je n'ai pas d'échelle ! »
Le vieux moine ne répondit pas. Mais il s'assit au pied de l'arbre, dans la posture du lotus, et il médita. Le temps passa... Un jour les pommes tombèrent dans ses mains, et il y en eut tant et tant qu'il ne savait qu'en faire, et il en donnait à qui en voulait ?

Un moine demanda à son maître : « Où est la Voie de la libération ? »
Le maître répondit : « Droit devant nous ».
Le moine : « Pourquoi est-ce que je la vois pas ? ».
Le maître répondit : « Vous ne pouvez pas la voir à cause de votre égoïsme ».
Le moine : « Si je ne peux pas la voir à cause de mon égoïsme, Maître la voit-elle ? »
Le maître répondit : « Tant qu'il y a «moi et vous», cela complique la situation et il n'y a pas de vision de la Voie ».
Le moine : « Lorsqu'il n'y a ni «moi» ni «vous», la Voie est-elle vue ? »
Le maître répondit : « Quand il n'y a ni «moi» ni «vous», qui est là pour voir ? »

Un jour, un professeur d'université se rendit dans les hautes montagnes du Japon pour rencontrer un maître zen renommé.
Lorsqu'il le trouva, il se présenta, énonça ses diplômes et demanda à être instruit sur le zen.
« Vous voulez un peu de thé ? », demanda le Maître.
« Oui, volontiers », répondit le professeur.
Le vieux moine commença à remplir la tasse jusqu'au bord, puis continua de verser. Le thé déborda sur la table, puis coula par terre.
« Arrêtez ! », cria le professeur, « ne voyez-vous pas que la tasse est déjà pleine ? Elle ne peut rien contenir de plus ! »
Le moine répliqua : « Comme cette tasse, vous êtes déjà plein de connaissances et d'idées préconçues. Pour pouvoir apprendre, commencez par vider votre tasse ».

En guise de conclusion

Dans la perspective du Bouddha, à la fin de chacun journée, de chaque activité, il est bon de faire le souhait que ce que nous avons pu accomplir soit bénéfique à l'humanité tout entière. Ne gardons pas les fruits de nos efforts pour nous. Ce que j'ai compris de ma lecture, puisse-t-il être bénéfique à tous les êtres.

Tous les mérites surgis de cette lecture – ce que j'ai compris, la confusion que j'ai pu traverser, les états de présence dont j'ai fait l'épreuve –

Je ne les garde pas
Je les rends à l'espace
Je les rends à la grandeur
Puissent-ils être bénéfiques
Puissent-ils éclore en tous les êtres
Les guérir de toute affliction
Et leur permettre de trouver en eux la source de l'éveil

Bibliographie

Petite bibliographie de la sagesse du bouddhisme

Dictionnaire encyclopédique du bouddhisme, sous la direction de Philippe Cornu, éditions du Seuil, Paris, 2006

Fabrice Midal, *ABC du bouddhisme*, Ed. Grancher, Paris, 2008

Aux sources du bouddhisme, sous la direction de Lilian Silburn, Fayard, Paris, 1997

Paul Magnin, *Bouddhisme, unité et diversité*, éditions du Cerf, Paris 2003

Sous la direction de Fabrice Midal, *50 Fiches pour comprendre le bouddhisme*, Ed. Bréal, Paris, 2011

Principaux ouvrages du même auteur

Méditation – Bouddhisme

Méditation, 12 méditations pour s'ouvrir à soi et aux autres, Audiolib, 2011

ABC du bouddhisme, Éditions Grancher, 2008

Introduction au tantra bouddhique, L'incandescence de l'Amour, Éditions Fayard, 2008

Le Bouddhisme à travers 100 chefs-d'œuvre, Presses de la Renaissance, 2007

Chögyam Trungpa, une révolution bouddhiste, Éditions du Grand Est, 2007

Quel bouddhisme pour l'Occident ? Éditions du Seuil, 2006

Trungpa, Éditions du Seuil, 2002

Mythes et dieux tibétains, Éditions du Seuil, 2000, Points Sagesses

La Pratique de l'éveil, de Tilopa à Trungpa, Éditions du Seuil, 1997, Points Sagesses

Dialogue intereligieux

Qu'est-ce que la vérité ? Avec Fabrice Hadjadj, Salvator, 2011

Qui dites-vous que je suis ? : Conférences de Carême à Notre-Dame de Paris, Sous la direction d'André Vingt-Trois, Parole et Silence, 2008

Bouddha, Jésus, quelle rencontre possible ? Avec Denis Gira, Bayard Centurion, 2006

Philosophie

Et si de l'amour on ne savait rien ? Albin Michel, 2010

La Voie du chevalier, Dépassement de soi, spiritualité et action, Payot, 2009

Risquer la liberté, vivre dans un monde sans repère, Éditions du Seuil, 2009

Art et poésie

Pourquoi la poésie, L'héritage d'Orphée, Pocket, Agora, 2010

Mandala, retrouver l'unité du monde, Éditions du Seuil, 2010

Jackson Pollock ou l'invention de l'Amérique, Éditions du Grand Est, 2008

Comprendre l'art moderne, Pocket, Agora, 2007 – reprise 2010

Au service du sacré, Sauter à l'angle moderne Paul Celan, Martin Heidegger, Barnett Newman, Éditions du Grand Est, 2007

La Photographie, Éditions du Grand Est, 2007

Table des matières